LA LIMOSNA
DE LOS DÍAS

EDITORIAL CÁNTICO

AYUNTAMIENTO DE CÓRDOBA

cantico.es · @canticoed

© Gregorio Dávila de Tena, 2024
© Editorial Almuzara S.L., 2024
Editorial Cántico
Parque Logístico de Córdoba
Carretera de Palma del Río, km. 4
14005 Córdoba
© Prefacio: Juan Carlos Mestre , 2024
© Epílogo: Tomás Sánchez Santiago , 2024
© Imagen de cubierta: *Aletehia,* de José Mateos, 2024
© Fotografía de autor: Antonio Castro Gallardo, 2022

ISBN: 978-84-19387-93-6
Depósito legal: CO 137-2024

Impresión y encuadernación:
Imprenta Luque S.L.

GREGORIO DÁVILA DE TENA

LA LIMOSNA DE LOS DÍAS

EDITORIAL CÁNTICO

AYUNTAMIENTO DE CÓRDOBA

SOBRE EL AUTOR

Gregorio Dávila de Tena (Quintana de la Serena, Badajoz, 1959) es licenciado en Filosofía y Ciencias de la Educación por la Universidad de Sevilla, ciudad en la que reside.

Es autor de los libros de poesía: *Alma de renacuajo (plaquette, 2017)*, *Cuenco de azahar, haikus* (Karima editora, 2018); *Hebra de luz. Ejercicios sobre el Cántico* (Diputación de Jaén, 2018), *Madre del agua. Por las huellas del Tao* (Ed. Cuarto Centenario, 2019), *Un temblor en las encinas. Biografía de una mirada* (Bajamar, 2021); *Un hombre que no conoce Nueva York* (Ed. Renacimiento, 2022); *Heredar la lluvia* (Ayuntamiento de Bujalance, 2023) y *Entre el diamante y la penumbra* (Ed. Barcarola, 2023).

Ha participado en varias antologías de haiku y de poesía.

Ha recibido los Premios de poesía: *García de la Huerta 2017, Pepa Cantarero 2018, Eladio Cabañero 2019, Ana de Valle 2021, Juana Castro 2021, Mario López 2022, Ciudad de Albacete Barcarola 2022 y Ciudad de Córdoba Ricardo Molina 2023. Finalista del Premio Andalucía de la Crítica-Poesía 2022.*

Premio Internacional de Haiku - Museo Histórico Masamune Date, 2016.

Es editor del foro de haiku Paseos.net y del blog Grego.es.

ACTA DEL JURADO

Un jurado compuesto por D. José Daniel García, D. Alejandro López Andrada, D. Raúl Alonso, Dña. Esperanza Ortega y Dña. Concha García, actuando como Secretario D. Emeterio Gavilán, reunidos el 8 de noviembre de 2023 en el Palacio de Orive (Delegación de Cultura y Patrimonio Histórico del Ayuntamiento de Córdoba), distinguió con el XXXI Premio de Poesía Ciudad de Córdoba Ricardo Molina a *La limosna de los días*, de Gregorio Dávila de Tena, por la forma en que establece un diálogo entre la voz poética y el mundo, haciendo trascender lo cotidiano. El libro se distingue por su enfoque innovador, logrando una propuesta diferente que se sale del discurso habitual con su versatilidad expresiva y su esfuerzo metalingüístico. La profundidad de la obra reconoce una puesta en valor de la intertextualidad y revela una honda tradición lírica. El discurso se mantiene en estrato del lenguaje durante todo el poemario por su propia sonoridad y plasticidad estética.

AYUNTAMIENTO DE CÓRDOBA

PALABRAS INICIALES
POR JUAN CARLOS MESTRE

Entre la heredad del otoño y los ecos del silencio en el que habita la voz de los antepasados y el lenguaje de la belleza, crece el árbol de la memoria del habla, la levedad de la palabra que en la rama más alta del bosque es la hoja del pájaro. La gramática de los ríos y el espejo sin máscara de las nubes, la bendición de las aguas sobre la necesidad de todas las cosas que habitan con su imagen el instante de la duración en la memoria del mundo. Así el poeta, dador del milagro de este libro; el que mira con el idioma de las resurrecciones las semillas que arrastra el viento hacia las tierras fértiles de la utopía, el sueño pendiente de ser soñado de las profecías de la infancia, los diálogos con lo sagrado que otorga entidad estética a la luz y las encinas. Y la libertad del habla sobre el valle de la noche, el sol antiguo iluminando las zonas de carencia de la soledad humana. Sucede la poesía, el canto redentor ante los espectros de la muerte; sucede la nieve y los cerezos, las lluvias que a nadie ya pertenecen, la casa que abre las puertas de otro sueño a la mañana de esta bella y tan redentora escritura de Gregorio Dávila. Escucha, lee, entra en *el vínculo del hilo* y *la cuna del pan*.

Hay un método muy sencillo para vivir con gratitud.
Es lo que nos dijeron de niños cuando aprendimos a cruzar la calle:
para, mira y anda (stop, look and go). Eso es todo.

DAVID STEINDL-RAST

Un hombre que ha aprendido a agradecer
las modestas limosnas de los días.

JORGE LUIS BORGES

...esta página nacida de las ruinas de mis labios.

JUAN EDUARDO CIRLOT

Y agradezco la herencia recibida
el patrimonio de estos versos
el usufructo de tantos poetas
porque escribimos
                    para donar nuestras palabras
y que otros continúen este canto.
Sólo hay un poeta, dice Rilke,
solo uno es el Poema.
Somos brotes de la gran Madre
las raíces que nunca callan.
Esto no es el silencio.

(Heredad)

I

HUMUS DE OTOÑO (stop)

aprende
lo que dice
la canción del otoño:
lo que muda
no muere.

ADA SALAS

Como una vasija vacía
o un estruendo de mar en los cantiles
como un cántaro que trasuda
              en la sombra del patio
la huella mínima
              del gorrión en la nieve

madriguera de las palabras
espacio en blanco a punto de quebrarse
este decir
       sin voz

el poema

DESTRUIDO POR LA BELLEZA
derribado por un temblor
              de trigales vencidos
vago en la consistencia de la niebla.
Las letras airean la noche
         vuelan los pañuelos por la estación
         y los trenes encauzan la esperanza.

Derribado por una soledad de espadañas
el cuerpo detiene su rumbo
y el silencio sondea
              el arrabal de la memoria.

(A veces el poeta rozaba la solemnidad y la impostura).

TRABAJO LA LUMBRE
        cuando el agua cruza el invierno
        la levedad reluce entre la nieve
                y se oculta en la roca gris.

Trabajo el arte del chubasco
                al caer
                de las agujas de los pinos.

Cultivo la mies de la espera
ahondo sin pico ni pala
el ala
            femenina
                de la casa.

El útero es caricia y cántaro
la zarza con la valencia del fuego
oh mujer que caldeas
los cartílagos de los hijos.

(Pero el agua y la madre volvían con su rumor genuino).

El otoño es la estación de los ojos que miran.

YORGOS SEFERIS

ESCUCHO LA NARRACIÓN DE LA TARDE
su gramática en las hojas caídas
      del tejo milenario
ordeno la hojarasca por el suelo
entre una resaca de pétalos marchitos.

ENSÉÑAME LA CAL de los hogares,
      el silencio solar en la mañana.
Enséñame tu imagen en el río
      ¿la reconoces?
sin máscara delante del espejo
el reflejo de la luna en el charco.

Olvida tanto anhelo de palabras
y deja que el poema anuncie
la lengua de las cosas.

(A veces se acercaba a la autenticidad).

SIEMPRE EL ALMA ES UNA MUJER
sentada en la silla de enea
                ante la puerta del ocaso,
una mujer con la mirada azul
                malherida de luna roja.

Mujer que se levanta
                a beber en la peña
                y vierte su sangre en el aire,
mujer que deja las ciruelas
                en el cilicio de las cárceles,
y juega a mujer-niña
                con el embozo de los patios.

Una mujer-madre en el iris
                de los árboles ciegos,
una lluvia de mil mujeres
                que calma la sed antigua en los odres
y germina la tierra
                con almendros fecundos.

RECUERDO Y AGRADEZCO cada instante de vida:
la luz del sur entre los girasoles,
los espacios crepusculares
       —la tarde y el otoño—
y el desierto florido de Atacama.

Recuerdo al gato entre los juncos,
el jaspear de las encinas,
una canción antigua, *los dones y la dicha*
                  de enmudecer,
la mirada es hoy *el idioma*.

(La gratitud le rondaba y era el motivo del poema).

26

CATARATAS EN LA PUPILA
                    de mi memoria
las manos huecas sin semillas
cuando el otoño escribe en las raíces
y mi mano dibuja los almendros
cuando el viento cincela el cuarzo
y el mirlo picotea las cerezas.

Ahora entiendo el color del azafrán
entiendo los rizomas del helecho
sé cuando muere la ceniza
y el blanco que destila una mirada
                    al pardear el horizonte.

(Cadenas citaba a Castaneda: "tenemos ojos / no puntos de vista").

Hojas de otoño
traídas por el viento
ante mis pasos.

(Con el haiku regresaba a la tierra).

Si me adentro
        si me pierdo
                en el poema que escribo
¿quién escribe entonces?

Tú eres el que escribe y es escrito.

Edmond Jabés

♕

Haces saliva con el barro para curar la ceguera
        me traes manzanas cogidas en Venus
                y me dejo esculpir como mármol inocente.

*(A veces abusaba de las citas, pero lo justificaba
como un diálogo con la tradición literaria).*

Todo es alusión y todo es oblicuo
la luz se curva y el tiempo es una espiral
todo es aleteo
          mariposas que se balancean en los espinos
los colores apagados en la umbría
horizonte   lejanía   figura   cuerpo.
A punto de aparecer
pensamiento y sentir se unifican.

(Resonaban los ecos de Unamuno y Zambrano, claro).

TRABAJO ESTA MAÑANA GRIS
        en la que silban los vencejos
esta mañana plomiza
        entre el dolor y la alegría
este tráfico intenso de luces parpadeantes
que señalan el cambio de sentido
        (¿hacia dónde?)
Siempre este sol intermitente y tenue.

He vuelto a la antigua casa
y una telaraña se ha enredado en mi pelo
indago en los rizos de la memoria
        —recuerdos como hiedra—
en la nervadura del cerezo.

Desayuno duraznos y ciruelas
        que no saben a nada.
Oigo a los tertulianos hablar sin lucidez.
Saber y sabor comparten raíz,
la misma lengua para el gusto y la palabra.

Porque nunca aprendiste a pescar como Carver
ni a dar clases como Machado
Porque no bordeaste el Sena como Celan
ni el Perú con Vallejo

Tu infancia fue de granito y alberca
          —agua y piedra, como siempre en la historia—.
Tu madre Petra (de piedra) y tu padre Manuel (dios con nosotros).
Este niño con sed de mañanas
con hambre de jilgueros y caricias
que teme el hurto de todo lo que roza.

QUÉ DESCANSADA MANO
             la que abandonas en el agua
navegando en una barca del río
             ondas de la corriente que la música riza

Qué suave golpean
             las flores contra la ventana
con un aroma dorado de abejas.

(En realidad no era un trabajo sino el descanso en solo ser
                                          y nada más).

SIEMPRE ESCRIBES
          agarrado al *pezón de la infancia*
siempre te sorprende el perro del ciego
y la mirada de los abedules
          (tienen ojos en su corteza).

Siempre una niña abre su bolsito
para ofrecerte una concha de mar
y te dice con voz cálida: "es para ti"
y la humedad permea tu mirada.

Siempre el agua y el seno, el niño y la palabra
también el árbol y los bosques
el cuerpo que envejece con un niño interior
un temblor de retoños *en las viejas encinas.*

          (La ternura era un jirón de entraña,
          carencia y consuelo a la vez).

LA LUZ AMANECIDA
       —primera luz nutricia—
brilla en los bolardos del puerto
el jardín con sus rosas canónicas
este jugar con palabras bellas
palabras que insinúan lo indecible

LA MADRE SABÍA LAS COSAS ESENCIALES:
el crecimiento de la semilla
       la acogida de lo que penetra
              la libertad de lo que se marcha
                     el cuidado del hueso y el latido.

(Pueden ser madre tantas cosas: la montaña, el mar, el valle, un nido...
Para Jung el árbol simboliza a la madre).

MI SOLEDAD ES UN CAMPO DE ESCARCHA
la piedra roída en los lavaderos
donde algunas mujeres se arrodillan
      a enjuagar su pena   a reír
      hasta blanquear el olvido.

Un campo cuajado por el cierzo de la noche
      donde el aire perfora las encinas
      y las campanas mudas anuncian las aldeas.
Mi soledad se calma cuando el sol
      derrama bulerías
          de luz en mi cabeza,
habla con voz antigua
      y husmea en los molinos del riachuelo.

Mi soledad, un vuelo de murciélagos
          en un zaguán de luz,
una invasión de abejas en la miel de la tarde.

Hay una calle llamada Alegría
que lleva a la senda de los Molinos.
Allí el dolor tritura el grano
      y hornea el pan para Vallejo,
allí la soledad es levadura
que fermenta
l e n t a m e n t e
el
poema.

A QUIÉN AGRADECER
la danza de estorninos hacia el crepúsculo
el epitafio que dicta la tarde
la pulpa encarnada de los higos
la cara de asombro de los hijos

A quién agradecer
la ternura del barro
la saliva en el beso
el aliento que estremece la aorta

A quién agradecer

(Tras dispersarse por algunos atajos y florituras
el poeta volvía a la fuente y a la rueca del libro).

A veces sucede la poesía.

CUANDO EN UNA TARDE DE OCTUBRE
el campanario lanza a las alondras
y la vecina planta unas violetas
en el alféizar de su casa.

A veces sucede
cuando el camino se alza hasta el mar de las cumbres
y la luz declina los nombres
y las sombras,
cuando la llama del amor consuela
al guardia fronterizo.

A veces
cuando la palabra es vaivén
y es azul el atrapasueños

A veces

"No lo sé" es el inicio del conocimiento.
Para ir a dónde no sabes...

Todo comienza con la gracia
con los nombres
      adheridos
           al ombligo materno.

Todo celebra el misterio de los campanarios
el despliegue de los tañidos por el campo
la espiral del milano en su vuelo.

Apenas una brizna de cosmos
el polvo de sílice duerme en la cuneta.
Toda piedra atesora un canto antiguo
toda piedra construye una ruina

*(La nube del no saber y fray Juan de la Cruz,
el "no sé" de Vallejo y de Valente.
Pero ¿cómo nombrar sin saber? ¿qué palabras decir?).*

Hoy la lluvia resbala
          por las arrugas de noviembre.
Estoy soñando o tal vez he muerto,
no lo sé,
quizás era un sueño la vida
                    o la muerte una ilusión.
La tarde era un lamento
como una lápida sobre el sepulcro.

Hoy la lluvia resbala por el sudario frío
sobre mi cuerpo mudo.
Toda lluvia es amiga de la noche.

Bajo un sol turquesa
          se funde
          la escarcha de mis ojos.

Todo lo que tiene savia tiene canto.

CLARISSA PINKOLA

PUEBLO ABANDONADO,
la dama de noche
sigue floreciendo.

II

LA TERNURA DE LA NIEVE (look)

Nieva
y todos en la ciudad
quisieran cambiar de nombre.

Jorge teillier

LA NIEBLA SE DERRAMA por el bosque
y apenas puedo entrever los cerezos
las hojas carmesí cubiertas por la nieve
una yegua blanquísima baja por el monte quemado
la ternura es nieve...

       y se derrite.

(La memoria se llena de nieve: los bueyes mansos de Llamazares
y el frío de Gamoneda, esa calidez en las manos de su madre).

PASAN LOS DÍAS, pasan las estaciones y llega el invierno
el verbo "pasar" es la palabra con más acepciones en el DRAE
(nada menos que 64)
pienso en Heráclito y su baño en el río
recuerdo el "Todo cambia" de Mercedes Sosa
pasan los días y sólo queda la huella del tránsito
pasar, cruzar, atravesar
el camino de Machado y el regreso de Ulises
el "Todo se pasa" de Teresa de Jesús
pasan los días, "el paso del tiempo", la eterna cantinela de los
poetas.
Podría enumerar todas las acepciones poéticas de la palabra
"pasar" pero sería excesivo y tú, lector, "pasarías" a otra cosa.
Así que llega el invierno, la rapsodia del blanco.

(Todo poema es un camino, un viaje por el tiempo,
es abrir un espacio para los pies del peregrino).

HE INTENTADO COMPRENDER LA INTEMPERIE
la palabra "luz" lleva una mina dentro
cruzar el mar rojo no es el final de la historia
"mañana, cuándo es mañana? / No sé, mi amor. /
Nadie sabe." (Amancio Prada)
el mundo gira y quizás todo esté bien.

જ

HAY AGUA EN LA PALABRA LLUVIA
hay aire en el verbo alentar
fuego en el fulgor de las nubes
tierra en la siembra de tus manos.

જ

INVOCAR A LAS COSAS POR SU NOMBRE
sin saber el verbo de las cosas,
hay un pájaro que canta al amanecer
pero no sé su nombre.

BAJO EL ROBLE MILENARIO
      dos niños juegan con un cabrito blanco
      —la nieve entre sus cabellos—
Hace frío esta mañana
mis dedos ciegos pellizcan la ternura
la nieve es un lacre que sella el silencio.

                    ॐ

LEO A CELAN "la carrucha de los pozos"
                  y viajo al patio de la infancia
oigo el sonido de la cuerda y el cubo de cinc
un cielo abierto penetra por el brocal
              y me asomo a la oscuridad

la verdina en las paredes y el frescor del agua.

(El paraíso perdido volvía con la siembra de manzanos en la
piel de la inocencia).

Nada me pertenece
sino aquello que perdí.

CABALLERO BONALD

SÓLO QUEDA UN VILANO
      en las púas de la alambrada,
sólo un gorrión sin nido,
un helecho sin sol de invierno.

Tal vez un guijarro se haga una perla
y el roce eterno lime las aristas,
soy un canto rodado,
una canción en la retama.

Nada me pertenece,
ni las hojas que caen ni los frutos perdidos,
sólo crecen anillos en mi tronco
y mi raíz no encuentra el manantial.

Nada me pertenece
todo se disuelve en la niebla.

Una casa deshabitada
      inaugura su ruina.

(Pérdidas)

ESCRIBE MI AMIGO:
    "he acumulado ternura contra el invierno" (Martín Portales)
vuelve la ternura una y otra vez queriendo decir algo
    —armiño en el regazo—
lo cálido frente a la ventisca
lo tierno busca el refugio matriz
la ortiga abandona su escozor, su rencor apilado

la ternura es la victoria mínima
                ante la derrota de la escritura.

LA CIUDAD SE LLENA DE GRÚAS
que intentan levantar
            este corazón derrumbado
las excavadoras rebuscan
            mil amapolas negras
¿por qué mis dedos llueven en tu espalda?

Comienza la mañana
        y mis brazos dibujan el chikung
las manos con aroma a mandarinas
        el sabor a menta del té
y las calles esparcen naranjos y gorriones

Un rumor de chasquidos en boca de la fuente
el café con sorbos de centella
                y claridad en los versos de Andrade
Schubert vibra en el tímpano de Hierro
                con un adagio en Nueva York

Toda la tarde se hace párpado
        la embestida de luz en el crepúsculo
la última lectura entre las sábanas
        hasta la hora bendita del sueño.

(El poeta leía a los estoicos y quería pasar un día con Epicuro,
        devanaba sus versos entre el cauce y el gozo).

TAMBIÉN VUELVE LA ESPERA
la espera de las vírgenes prudentes, la espera dormida,
la espera del Quijote a la visión del alba,
el nidal estremecido por el piar de las crías

el oficio de un hombre
                    que estrena un baúl de silencio.

HE INTENTADO ENCENDER LA LUZ
                    y contener mi voz
las arañas se llevan mis palabras
                    y tejen gusanos de luz,
disparo con nombres alados,
                    los fusilo en el monte
cada vidriera incendia un asombro
cada misterio un efecto mariposa
la tinta de un estremecimiento.

A VECES SUEÑAS CON VOLVER
    a la casa de la abuela
su pasillo empedrado para el paso de las bestias
    con guijarros frescos y limpios
macetas de aspidistras
    bajo la luz cenital de la tarde
    —luz dorada de invierno—
¿Y esos pájaros
        de azul cobalto
            en el árbol seco?
¿Cuánto resiste un niño
        la herida de la nieve?

"VIVIR" DE AKIRA KUROSAWA
vivir como una momia no es vivir
Watanabe es un muerto con un sello en la mano
treinta años invisible en la burocracia
el cáncer de estómago
el hijo cerca pero lejos del corazón
la mujer muerta pero dentro del corazón
encontrar la vivacidad de una muchacha
recuperar la semilla de la vida
es posible cambiar a pesar de
recobrar la rebeldía y la perseverancia
columpiarse bajo la nieve cantando "la vida es corta..."
la muerte, ofrecer el incienso
el velatorio, el sake, las buenas intenciones
y sin embargo...

(Del útero al féretro por esta senda de esdrújulas).

A VECES EL ALMA SE LLENA DE MURCIÉLAGOS
se quiebra y se hunde en una sima
pero siempre hay un minotauro
y cien doncellas vírgenes
que amansan las heridas

he intentado hacer del aire un lirio de silencio
hilvanar la luz en la penumbra
pero el ronroneo del viento...

RETUMBA EL ECO DE NUESTROS ANCESTROS:
el abuelo tornea la madera y la lumbre
la abuela hilando hebras de dolor
la madre alumbra cuchillos de sangre
el padre acariciando las amapolas negras
toda la herencia en el ADN
(tomo refugio en mis ancestros)

EL BLANCO ES EL COLOR DE LUTO de los chinos, dice Berna Wang
los antecedentes penales del blanco, dice Mestre
hay tantos matices de luz en la nieve
hay tanta blancura en la oscuridad
los granizos sonoros
                 golpean la hierba fresca.

Por la voluta de incienso
parpadea un hilacho de luz.

Se necesita una mente de invierno
para observar la escarcha y las ramas.

WALLACE STEVENS

LA MENTE ABRAZA el tono de cada estación
los copos de nieve como dendritas del cerebro
ramas minerales en forma de árbol
árboles que pueblan conos y bastones
balbuceos inútiles
hacia el poema.

LA HISTORIA ES CONOCIDA:
Por el desierto uno anda perdido y ciego
      como José en el pozo (tirado por sus hermanos)
      como Jonás en el vientre de la ballena
un niño dibuja círculos donde nacen cosas

uno sale de su escondrijo
      y desnuda un oasis
descansa junto a la palmera
      y extiende la alfombra de la oración

uno estira las manos
      y el viento le muerde los dedos.

(El poeta tenía un arca llena de imágenes bíblicas,
el arca de los dones).

A VECES CUESTA LLEGAR y asentarse
he llegado, por fin, dice Gamoneda
este no es mi lugar, pero he llegado

A veces la filosofía es palo de ciego
y un zahorí la poesía
mientras la luz unge el huerto
y Dios se entierra en el grano de mostaza

A veces el misterio dinamita la razón
(¿cómo puede caber lo Infinito en algo finito?)
demasiado bosque
                para estas antenas de hormiga.

(El bardo había practicado el tanka y el haiku,
releía "Zen en el tiro con arco").

A VECES LAS IGLESIAS Y LAS TABERNAS están muy cerca
          (Sergio Mayor lo comenta en Ciudad Mori)
en El Patrás hay una pequeña iglesia
con un bar en una de sus naves.
El sufismo habla de Dios y del vino.

He bebido por fidelidad a mi padre
y he rezado por fidelidad a mi madre.
Ahora no bebo
y mi rezo quizás sea un eco de mirlos
                              por los cañaverales.

          *(En un libro anterior hablaba de la Gran Madre
          y de los derviches que alean como palomas blancas).*

Hoy es siete de marzo y llueve desde el amanecer.
Oigo esta conversación de la lluvia que no entiendo.
El invierno termina
        y las yemas de azahar barruntan una algarabía de aromas
El café es un chispazo de lucidez
        destellos en la ínsula del cerebro.
Poco a poco deja de llover
        y la calle se desnuda al silencio.

(¿De dónde nos viene esa obsesión por nominarlo todo?)

ESCRIBO SOBRE LO QUE VEO:
una tarde lluviosa de domingo
un mendigo cabizbajo
sentado a la puerta de un comercio cerrado
con una pequeña lata como cuenco.
No pasa casi nadie, ni una moneda.

Podría escribir la metáfora:
me parezco a ese mendigo que espera (o desespera)
la limosna de la palabra.

¿Cómo pedir en este día y a esta hora?
me emociona la indigencia de este acto
su poca utilidad fáctica
el reflejo de mi propia indigencia.

He subido hasta la atalaya
a contemplar la dehesa de encinas,
me he inclinado ante los helechos
        —ante la nostalgia de los helechos—
y he visto lágrimas en los espinos.

¿Por qué ablandas la noche, luna del agua,
                y juegas con un balde de estrellas?
¿Por qué los acantilados sostienen
                una herencia de raíces?

Tú me sientas en el hueco nocturno
con diez pupilas y un búho real
¿dónde fueron las ardillas?
¿dónde las piñas que alzaban el fuego?
¿cómo apago esta sed
                en un monte de aljibes secos?

A lo lejos resuena una oración,
la niebla cabecea entre las copas
y la quietud empapa a las sabinas.

UNTAR DE SILENCIO LOS PARÉNTESIS
despedir el frío del cristal
quitar el invierno a las mañanas
besar los hoyuelos del manzano
derribar el baluarte del aire.

LLUVIA EN VERANO,
titilan las agujas
del viejo pino.

III

CON LETRA MINÚSCULA (and go)

Cada vez me arrimo más al amor de las letras minúsculas.

TOMÁS SÁNCHEZ SANTIAGO

Y he contemplado a los pájaros
resolver en el vuelo el misterio del aire.

JUAN CARLOS MESTRE

FELICES LOS QUE ESCRIBEN y se borran
felices los que recitan sin voz
felices los que hablan
                    la lengua de los párpados
felices tus hijos, madre del agua.

YO SÓLO QUERÍA que mis versos dieran algo de paz.
                    Sólo eso.

*(No terminaba de afiliarse a la poesía del lenguaje ni a la del silencio,
si acaso a la voz de la mirada o lo que eso pueda significar).*

¿No has sentido alguna vez
el galopar de unos caballos
en el pecho?

AMANCIO PRADA

ESCUCHO EL SONIDO DE LOS CASCOS
la estampida de los caballos
            hacia un horizonte nuevo
El auriga me habló en medio del bosque:
"Incipit vita nova" (comienza una vida nueva)
la caída del caballo
el resplandor del instante
la vieja luz

(Entre lo sedentario y lo itinerante, entre el hijo mayor y el hijo pródigo
entre los radios de la rueda y el vacío del cántaro)

Estos días, querida Silvia,
las nubes andan silenciosas
y te añoran las tórtolas de mis párpados.

Han venido algunos cuervos
que merodean los sembrados
y la dueña de la huerta
ha ido a honrar a sus difuntos
(*dejad que los muertos...*).

Tras los tiempos pródigos
hoy sólo me alimento de algarrobas
me brotan zarzas en la lengua
y mi pupila de seda se oscurece.

SEPTIEMBRE ES UN CAMPO DE TRIGO que avanza hacia el ocaso.
En septiembre los árboles se pasean por la orilla del riachuelo.
Cuando llega septiembre las aceitunas verdean los patios.
En septiembre se renueva el sistema nervioso de los líquenes.
Las aulas se llenan de septiembres inquietos y recién peinados.
En septiembre llora la arena de la playa y muerden los dientes
                                                              [del mar.
Los acantilados se despeñan en septiembre.
Septiembre es la blancura del cuaderno y la obsidiana en la pizarra.
¿Por qué los gatos se pierden en septiembre?
Septiembre despierta mancuernas y elípticas.
Septiembre es el ladrido hueco, la calle vacía en una tarde nublada.
Septiembre es una mañana fresca y transparente tras la noche de
                                                              [lluvia.
Y también septiembre es el mes de las tardes y la nostalgia de
                                                              [Juan Ramón.
Yo nací en septiembre.

*(El admirado Moga había escrito un largo poema sobre Septiembre
    y el voluntarioso vate sólo pudo hilvanar catorce versos).*

A VECES MI MENTE SE LLENA
   de tábanos que pican
a veces la voz de los otros
    suena en mi propia voz.

LA ABUELA HACE ENCAJE DE BOLILLOS.
Asombra ese manejo minucioso, hábil de los palillos y los hilos,
la atención plena a su tarea,
la punta de la lengua entre los labios, concentrada.
Sutil equilibrio entre tensión y relajación.
El aparato que soporta el trabajo se llama "mundillo",
una lluvia de sugerencias para la escritura.

TODO ESTÁ AQUÍ
dentro del ámbito del cuerpo
esta vida que bulle en el fondo del pozo
         como una llamita de sol
encendida por tus ancestros
pasando de un pabilo a otro
         –tal vea sea una llama eterna–
un diapasón de energía en el vientre
una luciérnaga sobre el río.

(Todos los principiantes frecuentaban a Aleixandre o a Zambrano
para pedirles consejo. El poeta echaba de menos un maestro).

Visitamos la exposición "Capa en color"
de Robert Capa

En la inmensidad del mar, un buque de guerra porta un cua-
drilátero de boxeo: dos sombras pelean sobre la cubierta.
Bajo el ramaje de un árbol hermoso acecha un tanque con
soldados.
El viento ondea el pelo del marinero como bandera de un
país vencido.
Un cerdo cruza con reverencia delante de una iglesia.
Picasso se baña en el mar como un bautismo de su hijo en
brazos.
La montaña nevada se refleja en las gafas de sol de la esquiadora,
como los montes lejanos en los ojos de la libélula de Issa.
Una madre lapona arma la tienda con sus hijos: un arco iris
en el borde de su vestido.
Una ola gigante salpica a tres niños que miran el embarcadero.
Dos chicas jóvenes contemplan al pintor de Montmartre
como en un autorretrato.
Los soldados cruzan el prado verde donde Capa pisa una
mina antipersona. Se tiñó de negro la foto en color.
Una verbena tras el fin de la guerra: mujeres que bailan con
mujeres.

Es otoño y comienza el frío.
Es agradable pasear por la acera sintiendo el roce del sol.
Paso junto a la valla de un Centro de mayores,
una valla cubierta de hojas verdes y flores,
                                    flores de otoño.
Ancianos, otoño, valla y flores te dan en bandeja el haiku.

Me cruzo con varios jóvenes en camiseta (los "mangas cortas"
                                    [me digo)
no parece incomodarles la llegada del otoño.
Y yo cada vez tengo más frío.

*(La metáfora del frío, el temblor de las azaleas con el cierzo helado,
el agua nieve de la tristeza, la oruga hilando en la escarcha).*

LEO A CHANTAL: *no somos creaturas (personas creadas)*
                    sino criaturas (personas de crianza),
necesitamos la maternidad, la tinaja del cielo y la matriz de la
                                                    [lluvia,
los pechos de la alborada y los pezones en la hierba, necesitamos
el útero en el pórtico y el calostro de la oveja,
necesitamos el mimo del agua
                    y el desplome del arco iris (criaturas somos)
el regazo en la lentitud del canto
el vínculo del hilo
                    necesitamos
la telaraña y el beso
el trigal de la ternura
la cuna del pan

*(En la entrega del Premio Nobel, Tokarczuk hablaba de la ternura
como la forma más modesta de amor, y el consuelo caldeaba al poeta).*

JUGASTE A INVENTAR PÁJAROS
para cruzar el labio y la mirada,
pájaros permeables
       –como poros en las palabras–
que filtran el silencio.

Quisiste conocer las alas,
la lentitud del trino por el aire
            y descubrir
pájaros en la curva del sendero,
pájaros estremecidos que cantan
            en la cornisa de la angustia.

Quisiste contemplar
el vuelo de las águilas, el ruiseñor de Egipto,
las huellas de la alondra
y los flamencos en los Andes.

Pero ya sólo anhelas
abrir espacios para el vuelo,
hacer un nido a las palabras
y sentir a los pájaros
respirar el barbecho.

LA PALABRA GOLONDRINA
    traza un surco de aire en tu memoria.
El niño no conoce las aves
pero su padre dice "golondrina"
y el balcón tiembla
    con un aleteo en los cristales.

❧

AMANECE UN DÍA GRIS, casi sin luz,
  pero el gorrión canta
    como siempre en su rama de niebla.
Una chica por la acera
  verdea la mañana
    con su abrigo color pistacho.

No existe el tiempo para el niño
  sólo hay espacio, mucho espacio
    y arena.

Yo crecía mirando tras la ventana.

José Manuel Martín Portales

Por el cristal de la ventana
hoy lo has podido ver:
al niño jugando en el parque
      con las canicas y los cromos,
al monaguillo que roba reales
      de la última colecta,
al que se ruboriza
      mirando los pechos adolescentes.

Has visto al hombre que pasea
      a su hija por el bosque,
la bruma en el paso del río
y cipreses llorando la muerte de tu padre.

Envejece el día en la casa
y sólo *soy un hombre en la ventana.*

PERTENEZCO A LA ESTIRPE de los que dudan
                              y se pierden en la niebla
al linaje de los que fabrican ladrillos
                              de barro y cal.

෴

¿NOS SALVARÁ LA FILOLOGÍA
o un ejército de significados
o la tinta del ritmo alejandrino?
¿Será suficiente
el aliento de los espejos
para organizar el caos
y templar la diástole?

(Para Elon Musk, CEO de Tesla y Twitter,
el caos es el principio rector de su actividad).

Japón ya tiene ministro contra la soledad
(El País 29/03/21)

QUIZÁS AL FINAL todos estemos solos.

(Poetas que escribieron Soledades y Carvajal publicando su
"Soledad enésima".
Soledad, como nombre de mujer.
La soledad de los mayores como problema de salud pública).

Veo a una mujer ciega cruzando el paso de peatones
con el bastón en una mano y su hija pequeña en la otra

Intento un haiku:

   paso de cebra –
   la mujer ciega y su hija
   a golpe de bastón

La poesía es hundirse en la madre.

VICENTE NÚÑEZ

MADRE
todos los anillos de las acacias
        convergen en tu vientre.

Madre que vives
        en el corazón de las cosas
        en la mansedumbre de la mañana
                y respiras la furia de la selva.

Mujer
espiral en mi pecho
        camarón de la sangre
soy caracol de tu alegría
        de la ternura sanguijuela.

(El poeta leía Trilce y se emocionaba
con el afecto de Vallejo hacia su madre,
imagen reiterativa, símbolo emotivo del origen y la creación).

AMO LA SENCILLEZ de los cuarks en silencio,
los protones del helecho y los neutrones de la cencellada.

Amo la ebriedad de estas palabras, su brotar azaroso, este
decirse de ellas mismas.

Amo el agua en mis manos y el reflejo azul de tu rostro
                              –poza profunda–
donde me sumerjo en busca de la llave perdida.

Amo la boca de la noche
un disparo de crisantemos sobre las tumbas
y el susurro de los cipreses al borde del acantilado.

Amo las hornacinas sin estatuas
donde lechuzas ululan la noche
y las arañas cimbrean la sombra.

BIENAVENTURADO EL QUE OYE la voz del torrente entre las rocas, el frescor del agua y el sabor de la infancia en las virutas de la memoria

Bienaventurado el que en medio del desierto besa a una mujer en la frente y con su beso florecen lirios de agua que refrescan la tierra

Bienaventurado el que planta su violonchelo en un claro del bosque y los pájaros se enredan entre las notas de su cabello

Bienaventurado el que se hace granito para abrevar el agua, madera para la casa del rabilargo que canta Menéndez

Bienaventurada la mosca de Machado, la golondrina de Bécquer y el caracol de Chantal

Bienaventurada la niña que recoge espigas con su abuela y mira en el charco la dentellada de la luna

Bienaventurado el poeta que hace un haiku en las escombreras de carbón, orina en los cementerios y se hace camino en la nieve de noviembre

Bienaventurada la mota de polvo que se mece en el sol del zaguán y la penumbra que realza la luz

Bienaventurados seréis al contemplar las menudencias del día porque heredaréis la mirada de vuestros ancestros y el linaje de la lluvia

ME HA SORPRENDIDO EL AZAHAR
   desparramado por el suelo
         junto a los desperdicios.

El níveo aroma de las flores
         sobre los cubos de basura.

TODO ES CURVA EN EL UNIVERSO:
el seno, la matriz o la semilla.
No hay línea recta en el paisaje
todo caracolea en espiral de danza
en balanceo del orgasmo.

VOY DE PÉRDIDA EN PÉRDIDA
        como un cuerpo de sal dentro del mar

con paso firme me dirijo
        hacia la última derrota.

(Palabras para la despedida de un poeta menor, más bien mínimo,
palabras que quisieron ser semilla y se perdieron en humo,
cenizas de un otoño hasta la aurora).

Y yo me iré. Y se quedarán los pájaros cantando.

Y YO ME IRÉ.
Y el limonero verterá
        sus soles diminutos
y el olivo dará verdor al patio
        donde mi madre enhebra sus recuerdos
        de ortiga y sanguijuela.

El viento derramará salmos,
        la nostalgia tendrá un consuelo de mirlos
        y el laurel de mi huerto ahondará en su linaje.

Y yo me iré.
Y el muchacho jugará en el umbral
        celoso de las piezas de su fuerte
        celoso de su obra.

El puerto será un enjambre de luces y viajeros
                migrantes hacia tierras nuevas
y mi mano surcará el agua
                tras el barco que parte
y el mar será un ancho camino
                hacia la esperanza.

LA VOZ A ELLOS DEBIDA
(CODA O BIBLIOMAQUIA)

Como un tanteo en la niebla (Cernuda)
cuando todo era verdad bajo los árboles (Gamoneda)
como esa luz dudosa cruzando el descampado (Vivanco)
luz que duele (Zambrano)
cuando todas las cosas nos hacen guiños (Rilke)
y cantamos para curar la locura (Cardenal)
para que el agua envenenada pueda beberse (Chantal)
heridos de realidad (Celan)
creemos en lo que tiembla (Bono)
porque las palabras no nos pertenecen (Valente)
a orillas del gran silencio (Machado).

VOZ DE VIDA

A MODO DE EPÍLOGO
POR TOMÁS SÁNCHEZ SANTIAGO

Bien pensado, la poesía es un territorio que lleva irremediablemente hasta un abismo sin retorno. Quien cae en ella no debe esperar nada accidental de ese lenguaje que se sostiene a sí mismo solo con el pulso de las revelaciones. Se trata, al contrario, de dejarse ganar por algo que nos sobrepasa sin haberlo pedido, algo que proviene de una utilidad antigua: la que aún conoció los arcanos de una alianza entre las palabras y las cosas. Capaces de recuperarla, algunos poetas ponen a arder su escritura desde una feliz desorientación. "Nunca dominaré mi mano", dejó dicho Rimbaud. Y es ese estado de extrañeza consentida el que aleja al verdadero poeta de cualquier consideración que acabe por hacer de él mera criatura de mansedumbre administrativa.

NOTA DEL AUTOR

Referencias sobre algunos versos:

- *"Esto no es el silencio"* - título de un libro de Ada Salas.
- *"la dicha de enmudecer"* - título de una colección de la editorial Trotta.
- *"la mirada es el idioma"* - del poema 3 de *"Canto a quien"* de Iván Onia.
- *"en las viejas encinas"* - del poema *"Cuando florecen las encinas"* de José Antonio Muñoz Rojas.
- *"palabras que insinúan lo indecible"* - de los diarios de Chantal Maillard.
- *"Toda lluvia es amiga de la noche"* - verso del poeta de la dinastía Tang, Du Fu.
- *"mañana, cuándo es mañana? / No sé, mi amor. / Nadie sabe."* - del poema *"Emboscados"* de Amancio Prada.
- *"la embestida de luz"* - del poema *"Abdera"* de Aurora Luque.
- *"Incipit vita nova"* - comienzo de la obra *"Vita nuova"* de Dante.
- *"Yo nací en septiembre"* - del poema *"Septiembre"* de Eduardo Moga.
- *"soy un hombre en la ventana"* - verso de José Manuel Martín Portales.
- *"Bibliomaquia"* es un término tomado de Vicente Luis Mora y se refiere a un poema compuesto con citas de varios autores.

GRATITUD

"Escribir es agradecer", dice Olvido García Valdés.

Me siento muy agradecido a Sara Castelar, Javier Sánchez Menéndez y Ana Isabel Alvea por su amor a la poesía y su generosa labor en este camino de la escritura,

al Ayuntamiento de Córdoba y al jurado del Premio Ricardo Molina por la valoración de esta obra y su trabajo en favor de la cultura,

a José Manuel Martín Portales por su hermandad en la experiencia poética,

a José Antonio Polonio y Juan José Martínez por su apoyo y aliento fraternal,

a Mercedes Muras y Ana Recio por su motivación y aprecio a mi obra poética,

a Juan Carlos Mestre y Tomás Sánchez Santiago por sus palabras de acompañamiento y amistad,

a José Mateos por su cordialidad y la hermosa acuarela de la portada,

a Santos Domínguez y Concha Rodríguez por su acogida lectora y su generosidad en la difusión cultural,

a los últimos reseñadores de mis libros: Arturo Tendero, Gema Borrachero, Jesús Cárdenas, Elena Marqués, Marta Camacho, Enrique Linares y José de María Romero Barea por su amistad lectora y la conexión en el sentir poético,

a los amigos que voy conociendo a través de la poesía por el diálogo y la sintonía común,

a los amigos de Alcalá de Guadaira y a mis amigos de siempre por su afecto y ánimo constante.

DEDICATORIA

Este libro está dedicado a Elvira, a mis hijos Irene y Pedro, a Rosa y Paula, a los que sufren la intemperie de los días, a los niños de Gaza y de Ucrania.

Los siguientes poemas van dedicados:

- *"Como una vasija vacía"* a James Low.
- *"Destruido por la belleza"* a Pedro Cruz y Victoria Vivar.
- *"Trabajo la lumbre"* a Enrique Martínez Lozano y Ana Etxeberria (†).
- *"Siempre el alma es una mujer"* a Matilde Trancoso.
- *"Trabajo esta mañana gris"* a mi madre Petra y mi padre Manuel (†).
- *"Siempre escribes"* a mi hermano Antoliano, Mari y Lupe.
- *"Cuando en una tarde de octubre"* a María A. Rosario.
- *"No lo sé"* a Antonio Gamoneda.
- *"Comienza la mañana"* a Joaquín García y Concha Delgado.
- *"Vivir de Akira Kurosawa"* a Mariano Vivar.
- *"He subido hasta la atalaya"* a Mercedes Segovia y Félix Sanjuán.
- *"Escucho el sonido de los cascos"* a Amancio Prada.
- *"Estos días, querida Silvia"* a Eva Martínez y Silvia.

- "*La abuela hace encaje de bolillos*" a Rosario Borrego y Manuel Bueno (†).
- "*Visitamos la exposición*" a Maruja y Thaddeus.
- "*Jugaste a inventar pájaros*" a mis hermanos Diego y Mayte.
- "*Por el cristal de la ventana*" a Sandra, Xaro y Leti de Paseos.net.
- "*Quizás al final*" a Julia Linares.
- "*Amo la sencillez*" a María José Ordóñez y Rafael Cebador.
- "*Bienaventurado el que oye*" a María Machío y Javier Albarreal.
- "*Pueblo abandonado*" a Félix Arce.
- "*Lluvia en verano*" a Enrique Linares.
- "*Y yo me iré*" a Isabel Pose.

ÍNDICE

II. La ternura de la nieve (look)

III. Con letra minúscula (and go)

๛

La limosna de los días
de Gregorio Dávila de Tena,
compuesto con tipos Montserrat en créditos
y portadillas, y Cormorant Garamond
en el resto de las tripas,
bajo el cuidado de Dani Vera,
se terminó de imprimir
el 14 de febrero de 2024.

LAUS DEO